I0003829

DAS LÄCHERLICH EINFACHE HANDBUCH ZU CARPLAY

WAS ES IST, WIE ES FUNKTIONIERT, UND OB ES DAS RICHTIGE FÜR SIE IST

SCOTT LA COUNTE

RIDICULOUSLY
SIMPLE BOOKS

ANAHEIM, CALIFORNIA

www.RidiculouslySimpleBooks.com

Copyright © 2021 by Scott La Counte.

Alle Rechte vorbehalten. Kein Teil dieser Publikation darf reproduziert, verteilt oder versandt werden, in keiner Form und mit keinen Mitteln, einschließlich des Photokopierens, Aufnehmens oder anderer elektronischer oder mechanischer Methoden, ohne die vorherige schriftliche Erlaubnis des Publizisten, außer der Verwendung kurzer Zitate in kritischen Berichten und in bestimmten nicht-kommerziellen Gebrauchsformen, die das Copyright Gesetz erlaubt.

Eingeschränkte Verfügbarkeit/ Garantieerklärung. Während bei der Vorbereitung des Buches die größten Bemühungen gemacht worden sind, machen der Autor und der Verlag keinerlei Versprechen bezüglich der Repräsentation und Garantie der Inhalte und Übernehmen keine Verantwortung etwaiger Art für die Richtigkeit oder Vollständigkeit des Inhalts. Im Genauen können weder der Autor noch der Verlag für haftbar oder verantwortlich gegenüber jeder Person oder Gruppe erklärt werden, wenn es um etwaige Verluste oder Folgeschäden geht, die tatsächlich oder angeblich durch die hierin enthaltenden Programme direkt oder indirekt ohne Ausnahmen und Einschränkungen verursacht worden sind. Außerdem sollten sich Leser darüber im Klaren sein, dass die Internetseiten, die hier aufgeführt werden, sich entweder verändert haben oder verschwunden sein könnten. Dieses Werk wird mit dem Einverständnis verkauft, dass die darin enthaltenden Informationen und Empfehlungen nicht für jede Situation geeignet sind.

Trademarks. Wo Handelsmarken in diesem Buch verwendet werden bedeutet dies keine Unterstützung oder Zugehörigkeit. Alle Handelsmarken (einschließlich, aber nicht ausschließlich von Screenshots), die in diesem Buch verwendet werden dienen ausschließlich editorischen und informativen Zwecken.

Haftungsausschluss: Bitte bemerken Sie, dass dieses Buch nicht von Apple, Inc. Unterstützt wird, obwohl die Richtigkeit dieser Publikation mit den größten Mühen sichergestellt wurde.

Inhaltsverzeichnis

EINLEITUNG

Im Jahr 2014 kündigte Apple ein Programm namens CarPlay an. Zu der Zeit stieß dies nicht auf große Begeisterung, denn um es zu benutzen, brauchte man ein Radio in seinem Auto, welches die meisten Leute nicht hatten. Heutzutage haben viele neuere Autos ein solches vorinstalliert; Wenn Sie nicht zu diesen glücklichen Menschen gehören, können Sie vor der Installation ein Radio, das mit CarPlay kompatibel ist, für weniger als 200 US-Dollar kaufen.

CarPlay wird nicht mit dem iPhone mitgeliefert—die Software ist da, aber Sie müssen sich die Hardware extra anschaffen. Also warum wird die hier miteingeschlossen? Weil Sie immer öfter in neuen Autos verfügbar ist.

Was Ist CarPlay?

Im Jahr 2014 kündigte Apple ein neues Angebot namens CarPlay an. Damals wurde dieses mit mäßigem Enthusiasmus begrüßt, da man eine Art Radio im Auto brauchte, die die meisten Leute noch nicht hatten. Heutzutage ist ein solches Gerät in vielen neueren Autos vorinstalliert dabei; Wenn Sie nicht zu den glücklichen Besitzern eines solchen Radios gehören, können Sie sich ein Radio mit Car Play für unter $200 einbauen lassen (Die Installation ist in der Preisangabe nicht enthalten).

Also, was genau ist es? Stellen Sie sich CarPlay wie einen externen Bildschirm für Ihr Auto vor - schließen Sie Ihr iPhone an und sehen Sie, wie Ihr Bildschirm fast gespiegelt auf das Autoradio übertragen wird. Ich sage "fast", weil die Übertragung nicht ganz so wie Ihr Handy aussieht - es handelt sich um eine autofreundliche Version Ihres Smartphones. Wenn Sie beispielsweise auf Ihrem Telefon auf Ihre Nachrichten tippen, können Sie Ihre Nachrichten hören, statt Sie zu sehen – die Nachrichten werden Ihnen laut vorgelesen. Das Ziel von CarPlay ist es, Ihnen ein ablenkungsfreieres Erlebnis zu bieten, damit Sie Ihr Telefon während der Fahrt sicher verwenden können. Ein Großteil von CarPlay läuft über Siri, was bedeutet, dass es sprachgesteuert werden kann und Ihre Hände dabei am Lenkrad bleiben können.

Das Gute an CarPlay ist, dass Sie keine zusätzliche neue Software kaufen müssen - diese ist bereits dann in Ihr Telefon integriert, wenn Sie kein CarPlay-Gerät haben. Sobald Sie sie an das Autoradio anschließen, ist alles Einsatz bereit. Keine komplizierte Installation und überhaupt kein aufwendiges Set-Up. Es funktioniert einfach. Wenn Ihr Telefon aktualisiert wird, wird auch CarPlay aktualisiert. Sie müssen dafür nichts Zusätzliches tun. Sobald Sie es anschließen, steht das neue Betriebssystem bereit.

Ihr altes Radio ist immer noch da; CarPlay funktioniert wie eine App, die darauf benutzt wird. Das folgende Beispiel zeigt Ihnen meinen

Hauptradio-Startbildschirm. Um zu CarPlay zurückzukehren, drücke ich einfach die CarPlay-Taste.

Die Nutzung ist kostenlos, obwohl für einige Autos eine Servicegebühr erhoben wird. Wenn Sie jedoch ein eigenes Radio kaufen, fallen keine zusätzlichen Gebühren an.

WIE VIEL KOSTET ES?

Wie bereits erwähnt, ist die Nutzung kostenlos - Sie benötigen allerdings nach wie vor ein Radio (obwohl der Autohersteller dafür technisch gesehen Gebühren erheben könnte). CarPlay-Funkgeräte kosten online zwischen 200 und bis zu 1.000 US-Dollar. Diese teureren Funkgeräte verfügen normalerweise über drahtlose Verbindungen, sodass Sie Ihr Telefon nicht einmal anschließen müssen.

Wenn Ihr Auto kein Radio hat und Sie sich für den Einbau entscheiden, sollten Sie einige Dinge beachten:

Installationsgebühren. Viele Anbieter werden eine kostenlose Installation bewerben. Das ist technisch gesehen möglich - sie installieren das Radio kostenlos, aber damit es in Ihrem Auto funktioniert, informieren sie Sie über spezielle Adapter und Halterungen, die Sie zusätzlich benötigen und die nicht kostenlos installiert werden können. Abhängig von Ihrem Auto werden Sie wahrscheinlich 400 bis 600 US-Dollar ausgeben, um in Ihrem Auto eine CarPlay-Einheit zu installieren.

Adapter. Achten Sie darauf, welche Adapter Sie benötigen. Haben Sie eine Backup Kamera? Sie benötigen wahrscheinlich einen separaten

Adapter. Haben Sie Sirius Radio? Ein weiterer Adapter. Möchten Sie Ihr Radio von Ihrem Lenkrad aus steuern? Ein weiterer Adapter! So fallen oft hohe zusätzliche Gebühren.

Verstehen Sie die Adapter. Mein Auto kann das Radio vom Lenkrad aus steuern. Als mein Radio kaputt ging und ich ein CarPlay-Gerät kaufte, habe ich mich nicht um den Adapter gekümmert. Es ist doch nicht so schwer, das Radio zu erreichen und zu steuern! Aber weil es andere Knöpfe am Lenkrad gab, trennten sich alle Verbindungen. Einige Wochen später ging meine Wartungsleuchte an. Ich reparierte alles, aber das Licht ging nicht aus, weil der Mechaniker den Lenkradknopf benutzen mussten, um alles zurückzusetzen. Also ging es zurück zum Radiogeschäft, um einen weiteren Adapter zum Radio hinzuzufügen!

Können Sie es selbst installieren? Bestimmt! Dies ist jedoch kein Newbie-Projekt. Das Radio selbst ist ziemlich einfach einzubauen, aber neuere Autos machen Ihnen den Ausbau von Radios recht schwer. Sie benötigen häufig Spezialwerkzeuge. Sie werden wahrscheinlich auch viel Zeit damit verbringen, nach YouTube-Videos zu diesem Thema zu suchen. Der Eigeneinbau ist nicht unmöglich, aber recherchieren Sie gründlich, bevor Sie sich entscheiden, dass Sie alles selber machen wollen, anstatt jemanden zu bezahlen.

Lohnt es sich? Es kostet eine Menge Geld im Voraus, aber es führt zu einem viel besseren Radioerlebnis. Mein altes Radio hatte Probleme mit Bluetooth und die Hälfte der Zeit konnte keine Verbindung zu meinem Telefon hergestellt werden. Des Weiteren war es schwierig, auf der integrierten Karte eine Navigation zum gewünschten Ziel zu erhalten, ohne die Adresse zehn Minuten lang per Hand einzugeben. Das CarPlay-Radio bietet eine wirklich freihändige Erfahrung und erlaubt es Ihnen, die Augen auf der Straße statt auf das Handy zu richten. Für mich war es den Preis wert.

WIE FUNKTIONIERT CARPLAY?

Stellen Sie sich CarPlay ein wenig wie einen AppleTV, der an Ihren Fernseher angeschlossen wird, vor. Ihr Fernseher ist kein AppleTV. Ihr Fernseher zeigt nur an, was auf dem AppleTV läuft. Wenn Sie es eingeschaltet lassen, aber zu einem anderen TV-Eingang wechseln, ist

AppleTV weiterhin eingeschaltet. So funktioniert CarPlay im Grunde genommen auch.

Sobald Sie Ihr Telefon an den Blitzkabeladapter, der an Ihr Radio angeschlossen ist, anschließen, wird auf Ihrem Telefon ein CarPlay-Bildschirm angezeigt.

In der Zwischenzeit startet Ihr Radio automatisch CarPlay OS.

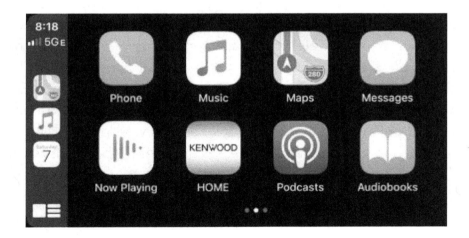

Der gesamte Vorgang dauert nur wenige Sekunden. Sie können jederzeit zu Ihrem Autoradio zurückkehren, während Sie gleichzeitig CarPlay ausführen - es funktioniert in etwa so, als würden Sie die Eingänge eines Fernsehgeräts umschalten. Die meisten CarPlay-kompatiblen Radios verfügen über eine Taste, mit der zwischen beiden umgeschaltet werden kann.

Die meisten CarPlay-Radios haben noch eine andere Funktion: Android Auto.

Android Auto ist das Android-Äquivalent von CarPlay. Wenn Sie also zufällig auch ein Android-Gerät haben, können Sie beide abwechselnd einschalten.

Wenn Sie CarPlay starten, werden Sie möglicherweise ein wenig überrascht sein, dass es nur wenige Apps enthält - nur ein kleiner Teil der Apps auf Ihrem Handy wird über CarPlay angezeigt. Dies liegt daran, dass die einzigen Apps, die in CarPlay ausgeführt werden können, die Apps sind, die im Auto benutzt werden können.

Die Benutzeroberfläche ist sehr einfach aufgebaut. Der untere Bereich gibt an, wie viele Bildschirme mit Apps Sie haben (zwei in meinem Fall). Wischen Sie nach links und rechts, um zwischen den beiden umzuschalten. Tippen Sie auf ein Symbol, um die App zu starten.

Links befindet sich das Hauptmenü für CarPlay. In der oberen linken Ecke befindet sich die Zeit- und Datennetzwerkverbindung (diese benutzt die Daten Ihres Telefons). Darunter befinden sich die drei neuesten Apps, die Sie als Letztes geöffnet haben. Durch einmaliges Tippen werden diese gestartet. Durch das Tippen auf die untere linke Ecke wird entweder die aktuelle App ausgeblendet oder in eine geteilte Ansicht mit drei Fenstern eingefügt (das heißt es werden Ihre Karte und Mini-Versionen von zwei anderen Apps angezeigt - beispielsweise Apple Music und Apple Calendar).

Hier ist ein Beispiel für eine Ansicht mit drei Fenstern. Beachten Sie, wie sich der Knopf in der unteren linken Ecke verändert hat. Das bedeutet, dass wenn Sie erneut darauf tippen, alle Apps angezeigt werden.

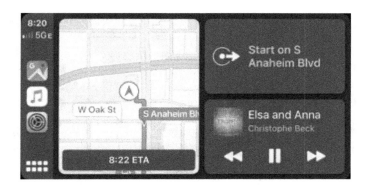

WIE DIE APPS FUNKTIONIEREN

Wie sehen die Apps in CarPlay tatsächlich aus? Einige sind schöner als andere; Ich werde Sie als Nächstes durch die wichtigsten führen. Wie zu erwarten ist, sind alle Apps ziemlich minimalistisch dargestellt und zu verhindern, dass Sie zu viele Aktionen während des Fahrens durchführen - denn Ihre Augen müssen auf die Straße gerichtet bleiben!

Sie können jederzeit „Hey Siri" sagen und Sprachbefehle auf CarPlay aktivieren. Sie können sie anweisen, Musik zu finden, jemandem eine SMS zu schreiben, Wegbeschreibungen abzurufen und vieles mehr. Es funktioniert genauso wie auf Ihrem Handy, außer, dass Sie nichts entsperren müssen, um die App zu aktivieren.

Maps

Der Star von CarPlay ist Maps. Um darauf zuzugreifen, klicken Sie einfach im Hauptbildschirm auf die Karten-App.

Dadurch wird eine Vollbildversion der App gestartet.

Auf der rechten Seite befinden sich einige Steuerelemente, die Sie wahrscheinlich nicht oft verwenden werden.

Der Pfeil zeigt an, wo Sie sich gerade befinden. Wenn Sie also nach etwas suchen, das mehrere Meilen entfernt ist, wird die Karte an Ihren aktuellen Standort gebracht. Die 3D-Option ändert nur den Winkel der Karte.

Das + / - Vergrößert und Verkleinert die Karte.

Auf der linken Seite können Sie gespeicherte Ziele suchen oder finden. Denken Sie daran, Sie können jederzeit „Hey Siri" sagen und Sprachbefehle geben. Zum Beispiel: „Hey Siri, such mir die nächstgelegene Tankstelle".

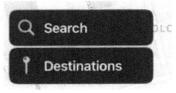

Wenn Sie auf Suchen tippen, erhalten Sie vorgeschlagene Kategorien, ein Mikrofon, mithilfe dessen Sie sagen können, was Sie suchen möchten, oder eine Tastatur, mit der Sie es auf der Bildschirmtastatur eingeben können.

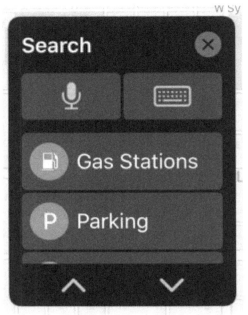

Wenn die Ergebnisse angezeigt werden, werden diese auf dem Bildschirm sichtbar, sodass Sie entscheiden können, welches Sucherergebnis Sie auswählen möchten.

Wenn Sie die gewünschte Option gefunden haben, tippen Sie einfach darauf. Ihnen wird eine Route vorgeschlagen, und Sie können entweder den Standort anrufen oder auf Los tippen, um die entsprechenden Anweisungen abzurufen.

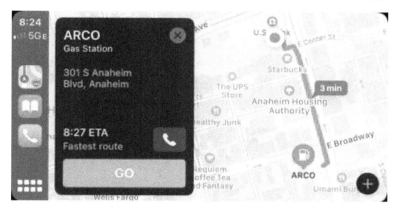

Während der Fahrt wird in der oberen linken Ecke die Turn-by-Turn-Navigation und in der unteren linken Ecke die voraussichtliche Ankunftszeit angezeigt.

Wenn Sie auf den Aufwärtspfeil in der unteren linken Ecke tippen, werden die Fahroptionen angezeigt. Sie sind alle selbsterklärend. Ich persönlich finde das Teilen der voraussichtlichen Ankunftszeit am hilfreichsten.

Das Teilen der voraussichtlichen Ankunftszeit zeigt Ihren derzeitigen Standort für Personen an, die ihre Reise verfolgen und wissen wollen, ob Sie sich verspäten. Um Ihre Ankunftszeit zu teilen müssen Sie nur auf den Namen der Person tippen.

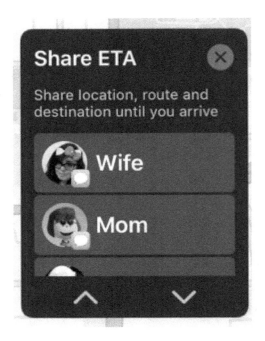

Sobald Sie mit dem Teilen beginnen, wird dieser Person eine Textnachricht gesendet, die wie folgt aussieht:

Wenn Sie fast da sind, erhält die andere Partei eine weitere Nachricht, die so aussieht:

Wenn Sie mehr als ein paar Minuten zu spät sind, erhält die Dritt-partei eine Nachricht mit einer aktualisierten Ankunftszeit.

Sie können jederzeit die Taste in der unteren linken Ecke drücken, um die Drei-Fenster-Ansicht der Karte einzusehen.

Wenn Sie mit aktivierter Karte auf Ihr Telefon schauen, sehen Sie die Abbiegehinweise in Echtzeit.

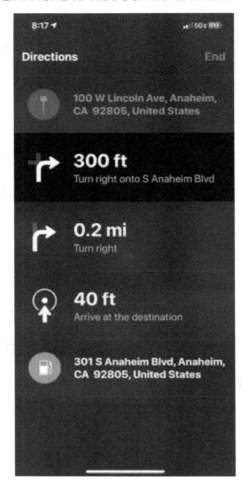

Google Maps

Ich werde nicht ausführlich auf Apps von Drittanbietern eingehen, aber um Ihnen einen kurzen Überblick darüber zu geben, wie eine andere Karten-App auf CarPlay aussieht, werden Sie im Folgenden durch die Benutzung von Google Maps geführt.

Sie werden beim Öffnen der App mit einer einfachen Startseite begrüßt. Ein bemerkenswerter Unterschied ist das Einstellungen-Symbol in der oberen rechten Ecke.

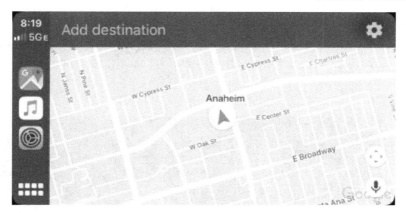

Durch das Tippen auf das Einstellungen-Symbol gelangen Sie zu einem Einstellungsmenü, mit dem Sie die App konfigurieren können.

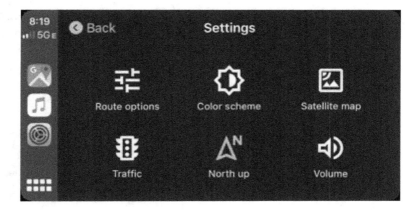

Im Gegensatz zu Apple Maps verfügt Google Maps über Satellitenbilder in CarPlay, die für Sie möglicherweise wichtig sind, vielleicht sind sie es aber auch nicht.

Wenn Sie auf Ziele tippen, wird ein Bildschirm angezeigt, der sich nicht allzu sehr von Apple Maps unterscheidet (obwohl er größer ist), und Sie können die Suche nach einem Ort mithilfe der Kategorien beginnen.

Tippen Sie auf diese Kategorien, um eine Liste der Standorte zu erhalten.

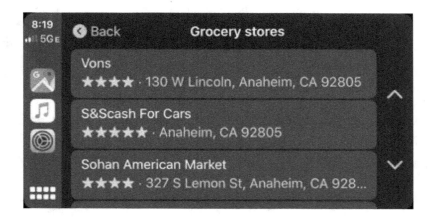

Sobald Sie Ihre Auswahl getroffen haben, wird durch das Tippen auf Los die Turn-by-Turn-Navigation gestartet.

Apple Music

Apple hat große Anstrengungen unternommen, um eine Musik-App zu erstellen und es überrascht nicht, dass die Musik-App eine der herausragenden Funktionen von CarPlay ist. Tippen Sie auf das Musiksymbol, um die App zu starten.

Der Grund, warum die App in CarPlay auffällt, liegt eher weniger an den verfügbaren Funktionen, und mehr an den Funktionen, die es nicht gibt. Sie ist einfach aufgebaut und ermöglicht Ihnen eine schnelle Navigation, die während der Fahrt sehr hilfreich ist.

Dies ist kein Ort, an dem Sie Ihre gesamte Musik verwalten können - das tun Sie auf Ihrem Handy. Hier können Sie sich lediglich das anhören, was Sie bereits organisiert haben.

Wenn Sie die App öffnen, sehen Sie oben ein Menü mit fünf Optionen.

In der Bibliothek werden alle die von Ihnen hinzugefügten Alben angezeigt.

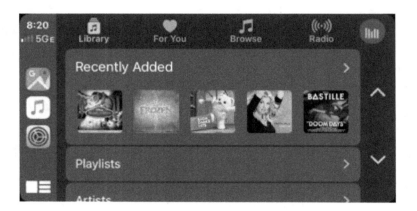

Der Für Sie Abschnitt zeigt Vorschläge, die auf dem basieren, was Sie sich zuvor angehört haben.

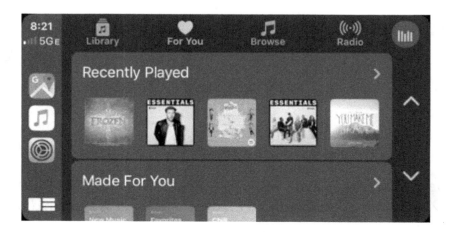

Mit Durchsuchen können Sie verschiedene Genres anschauen, oder einfach das, was gerade beliebt ist, abspielen.

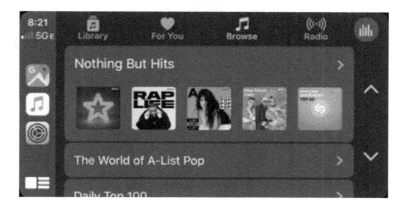

Radio bietet eine Kombination von Wiedergabelisten, die von Apple erstellt wurden und Wiedergabelisten, die auf dem basieren, was Sie gerade hören.

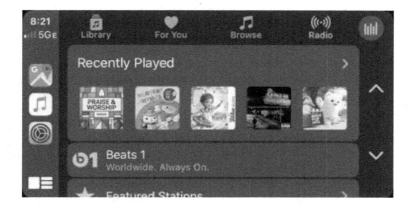

Schließlich öffnet die letzte Option (mit dem Balkensymbol) das, was gerade abgespielt wird.

Kalendar

Die Kalendar App ist einfach zu verstehen.

Sie zeigt Ihre bevorstehenden Termine.

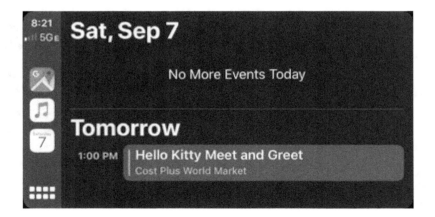

Einstellungen

Die Einstellungen sind auf dem iPhone sehr groß. Auf CarPlay trifft das
eher nicht zu.

Es gibt nur eine Handvoll Optionen, und die meisten davon sind nur Schalter. Wie Sie vielleicht bemerkt haben, ist das Ziel von CarPlay eine minimale Berührung, sodass Ihre Augen auf die Straße und nicht auf den Bildschirm gerichtet sind.

Während der Fahrt nicht stören deaktiviert die meisten Funktionen, Sie können jedoch weiterhin Musik und Karten verwenden.

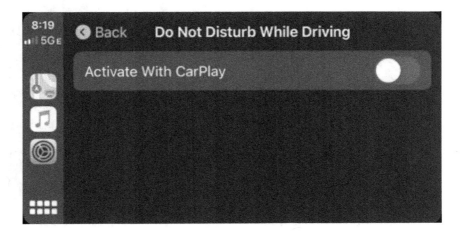

Telefon

Sie können über CarPlay telefonieren, indem Sie Siri fragen, oder auf die Telefon-App tippen.

Wie die Musik-App verfügt auch die Telefon-App über ein sehr einfaches Navigationsmenü. Diese Menüs sind alle auf Ihrem Handy konfiguriert, das bedeutet, dass Sie CarPlay nicht zum Hinzufügen eines Kontakts verwenden können, sondern dazu Ihr Handy verwenden müssen.

Zu den Favoriten sollten Sie die Personen sortieren, die Sie am meisten anrufen. Meine zeigen nur einen Kontakt, und dieser ist wiederum auf meinem Handy konfiguriert.

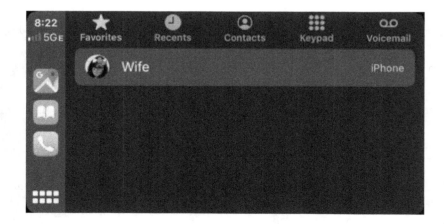

Hier werden kürzlich getätigte Anrufe als Liste angezeigt und Sie können sehen, wer Sie angerufen hat oder wen Sie angerufen haben.

Kontakte zeigt eine Liste aller Personen in Ihrer Kontakt-App. Da diese Liste normalerweise ziemlich lang ist, besteht die Möglichkeit, Siri oben zur Hilfe zu aktivieren. Oder Sie können einfach „Hey Siri" sagen.

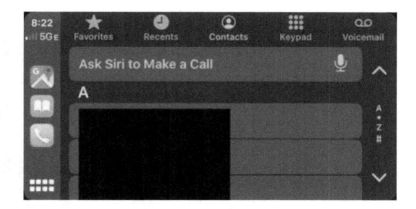

Über die Tastatur können Sie auf die altmodische Art Nummern wählen.

Voicemail zeigt eine Liste aller Ihrer aktuellen Anrufbeantworter-
nachrichten an.

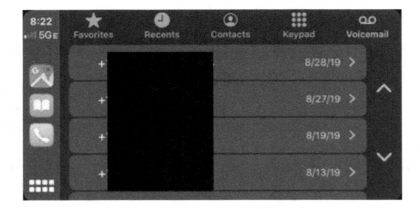

Wenn Sie auf eine davon tippen, können Sie sich die Aufnahme anhören.

Nachrichten verschicken
Die Nachrichten App ist vielleicht nicht das, was Sie sich vorstellen.

Wenn Sie sich eine Bildschirmtastatur vorstellen, liegen Sie falsch. Das wäre eine zu große Ablenkung. Nachrichten zeigt Ihnen eine Liste Ihrer Textnachrichten an. Tippen Sie darauf und die Nachricht wird an Sie zurückgesendet. Es gibt keine Möglichkeit, die Nachricht zu lesen, da Ihre Augen wie immer auf die Straße gerichtet sein sollten!

Neben dem Abhören einer Nachricht besteht die Möglichkeit, eine neue zu Textnachricht zu verfassen. Diese Option befindet sich in der oberen rechten Ecke. Sie verfassen die Nachricht nicht, wie Sie es vom Telefon gewohnt sind - Sie diktieren sie.

Audiobooks

Wenn Sie Hörbücher von Apple Books gekauft haben, können Sie sie hier finden:

Es ist eine sehr einfache App – lediglich eine Liste der Hörbücher, die Sie besitzen.

Podcasts

Podcasts ist so ähnlich wie die Music App, hat aber weniger Optionen.

Das Hauptmenü zeigt drei verschiedene Tabs.

Jetzt anhören enthält alle Podcast-Episoden, die Sie zum Abspielen eingereiht haben. Die Cloud zeigt an, dass diese nicht heruntergeladen worden sind. Sie werden also als Stream abgespielt.

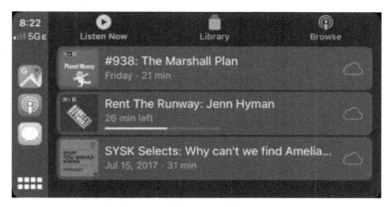

Die Bibliothek listet die Shows auf, denen Sie folgen. Tippen Sie darauf, um einzelne Episoden anzuzeigen.

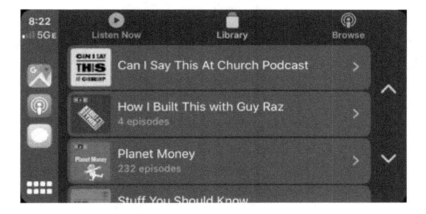

Mit Durchsuchen können Sie nach neuen Podcasts suchen.

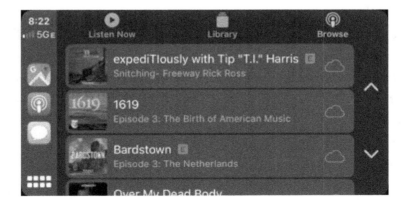

Screenshots

Das Screenshot-Tool ist keine App, aber trotzdem eine ziemlich coole kleine Funktion. Wenn Sie einen Screenshot auf Ihrem Handy erstellen (dies geschieht durch gleichzeitiges Drücken der Seitentaste und der Lautstärketaste), wird normalerweise ein Screenshot von Ihrem Handybildschirm gemacht.

Wenn Ihr Handy an Ihr Radio angeschlossen ist, werden zwei Screenshots aufgenommen: Einer von Ihrem Handybildschirm, und einer von Ihrem CarPlay Bildschirm.

ANDERE APPS

Es sollte Sie nicht überraschen, dass die meisten Apps, die Sie auf CarPlay sehen, Apple-Apps sind. Da es um die Benutzung beim Fahren geht, wären Spiel -oder Video Apps an dieser Stelle unangebracht. Es gibt zwar auch für CarPlay entwickelte Apps, aber nicht besonders viele. Die meisten sind mit dem Schwerpunkt Musik oder für die Navigation entwickelt worden. Im Folgenden finden Sie einige der beliebtesten Apps:

- • Waze - eine Karten-App, die sich stark auf die Unterstützung der Benutzer verlässt, um Verkehrsprobleme zu melden. Dies ist eine der beliebtesten Fahr-Apps und bekannt dafür, alternative Routen zu finden, um Sie anhand von Verkehrsdaten zum schnellstmöglichen Zeitpunkt an Ihr Ziel zu bringen.

- TomTom - eine weitere Karten-App; eine der bekanntesten Funktionen ist die Anzeige der Fahrspur, auf der Sie sich befinden sollten. Dies ist hilfreich, wenn Sie sich auf der Autobahn befinden und nicht wissen, welche Fahrspuren auf der Autobahn zusammengeführt werden, oder welche Fahrspur Sie zur richtigen Ausfahrt leitet.

- TuneIn – Die App ist für ihren großen Umfang an Streaming-Inhalten bekannt; sie hat viele Radiosendungen, Podcasts und Sportarten.

- iHeartRadio - Finden Sie mit dieser beliebten App Radiosender aus der ganzen Welt.

- Audible - Apple hat zwar eine Hörbuch-App für die CarPlay Funktion, diese ist aber im Vergleich zu Audible nicht annährend so gut. Audible gehört Amazon und bietet für ein monatliches Abonnement eine der größten Hörbuchsammlungen der Welt an.

- Free Audiobooks – Mögen Sie keine Abbos oder wollen Sie lieber nicht für die Bücher bezahlen? Diese App bietet diverse kostenlose Hörbücher an.

- NPR – Die "National Broadcasting Company" biete in dieser App alle ihre beliebtesten Radioshows an.

- MLB at Bat – Wenn Sie die Videos auf der iPhone App mögen, dann werden Sie nun vielleicht enttäuscht sein – diese wird hier nicht unterstützt. Es gibt allerdings Audiokommentare und vieles mehr.

- Spotify – Apple Musics größter Streamingkonkurrent.

- Pandora – Eine Musik App, die ganz auf Ihren Präferenzen basiert; Sie können keine Songs, die Sie hören wollen, direkt anfordern, aber Sie können die App bitten, Songs zu spielen, die Sie mögen.

ÜBER DEN AUTOR

Scott La Counte ist ein Bibliothekar und Schriftsteller. Sein erstes Buch, *Quiet, Please: Dispatches from a Public Librarian* (Da Capo 2008) war die Wahl des Redakteurs für die Chicago Tribune und ein Entdecker Titel ("Discovery Title") der Los Angeles Times; im Jahre 2011 wurde sein Jungendbuch mit dem Titel „The N00b Warriors" publiziert, dieses wurde ein #1 Bestseller auf Amazon; sein neuestes Buch trägt den Titel *#OrganicJesus: Finding Your Way to an Unprocessed, GMO-Free Christianity* (Kregel 2016).

Er hat außerdem Dutzende Bestseller über Bedienungsanleitungen und Benutzertipps zu diversen technischen Geräten geschrieben.

Sie können sich mit ihm unter ScottDouglas.org in Verbindung setzen.

www.ingramcontent.com/pod-product-compliance
Lightning Source LLC
LaVergne TN
LVHW081532050326
832903LV00025B/1765